En esa época se usaban remaches gruesos parecidos a clavos para sostener las estructuras de acero. Las protuberancias que se muestran en el borde de esta página son las partes superiores de los remaches. En el *Titanic* se usaron tres millones de remaches. La mayoría de los remaches eran de acero. Muchos de ellos se instalaron con enormes máquinas remachadoras. Algunas secciones del barco eran demasiado pequeñas para usar las máquinas remachadoras. Allí, los trabajadores martillaron los remaches a mano.

Los remaches que los trabajadores instalaron a mano por lo general estaban hechos de hierro en lugar de acero. Eso se debía a que era más fácil martillar los remaches de hierro a mano.

Durante el proceso de la fabricación del hierro, se agregó la escoria triturada, o los desechos de roca, cuando se fundieron los remaches. Agregar la escoria es complicado. Un poco puede fortalecer los remaches, pero demasiado puede hacer que los remaches queden quebradizos, especialmente a bajas **temperaturas.**

> Los pisos interiores comienzan a tomar forma.

> Las placas de acero superpuestas hacen que el casco sea impermeable.

ACONDICIONAMIENTO

El *Titanic* se trasladó a un muelle de aguas profundas para el proceso de acondicionamiento. Se requirieron cinco remolcadores para arrastrarlo al agua, debido a su gran **masa** o cantidad de material. El acondicionamiento incluía completar la mayor parte de la construcción e instalar partes y equipos que no se construyeron en el casco.

Los siguientes diez meses, el *Titanic* viajó entre el muelle de aguas profundas y la dársena seca.

Una dársena seca es un lugar en tierra donde se trabaja en los barcos. La dársena seca del *Titanic* era la más grande del mundo en esa época.

Los trabajadores instalaron tres hélices gigantescas en la popa del barco. Había una a cada lado y una en el centro. El timón del *Titanic*, con el que se la dirigía, estaba detrás de la hélice central. El timón medía 24 metros (26 yardas) de alto. ¡Era más alto que un edificio de siete pisos!

El *Titanic* se botó de popa.

Se podía trabajar tanto en el exterior como en el interior del *Titanic* cuando estaba en la dársena seca.

Peldaños

El hundimiento del Titanic

LA CONSTRUCCIÓN

En 1907, J. Bruce Ismay, director general de White Star Line, quería construir un barco de pasajeros enorme. Colaboró con Lord William Pirie, el presidente de la compañía, y Thomas Andrews, un arquitecto, para hacerlo. El barco se llamaría *Titanic*.

El *Titanic* pesaría más de 41,000 toneladas métricas (46,000 toneladas) y mediría 269 metros (294 yardas) de longitud. Eso es casi tan largo como tres canchas de fútbol americano juntas, de punta a punta. El *Titanic* sería el barco de pasajeros más grande del mundo.

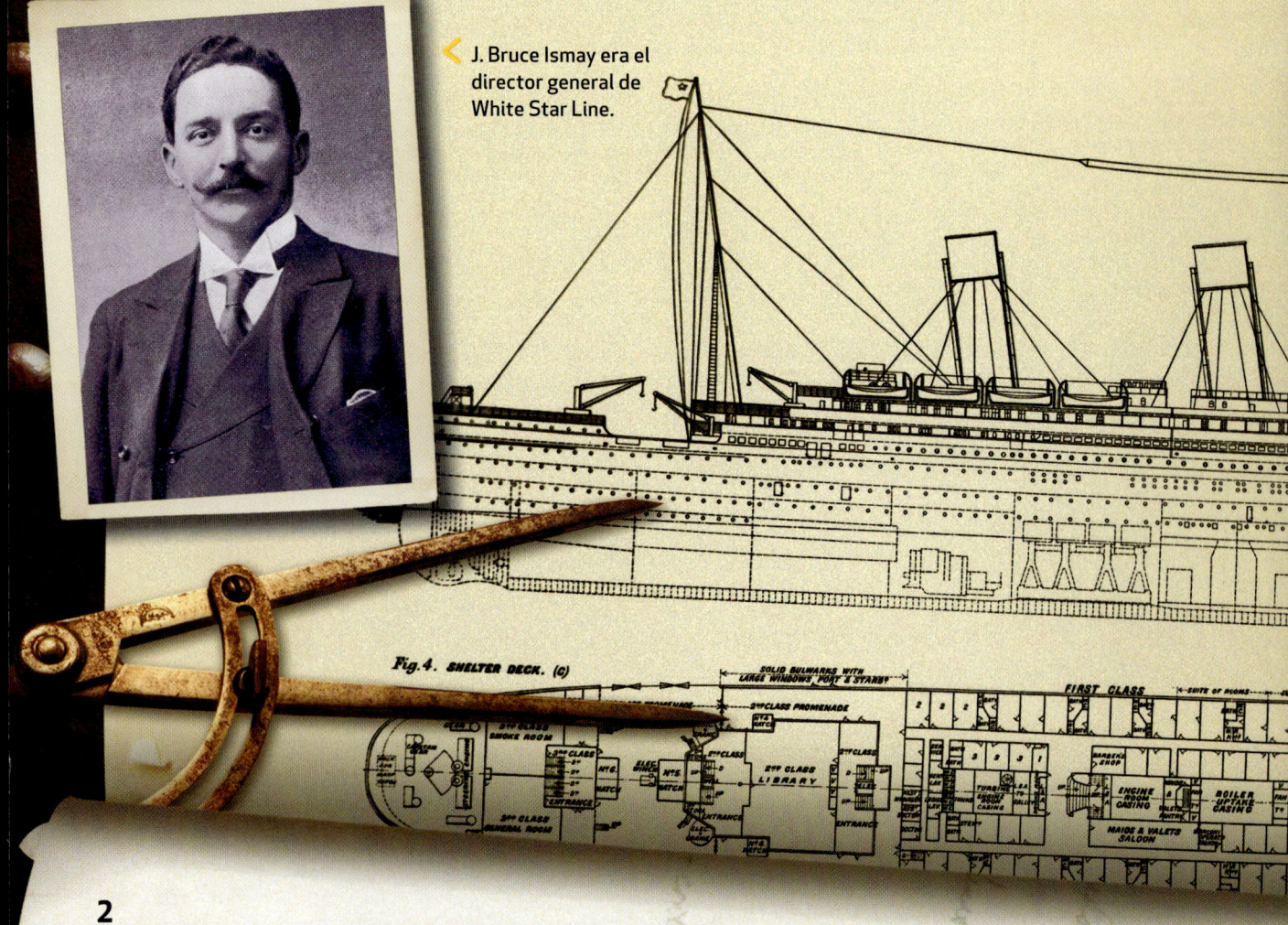

J. Bruce Ismay era el director general de White Star Line.

Fig. 4. SHELTER DECK. (G)

DEL TITANIC

por Kathleen F. Lally

Ismay, Pirie y Andrews querían construir un barco que no pudiera hundirse. Entonces planearon dividir el cuerpo del barco en 16 compartimientos herméticos. Los compartimientos estarían separados por gruesas puertas de acero. Aún si cuatro compartimientos se inundaran, el aire de los otros compartimientos mantendría a flote al *Titanic*. Eso se debe a que la **densidad,** o cantidad de materia que hay en un compartimiento de aire, es menor que la densidad del mismo compartimiento lleno de agua.

Los trabajadores construyeron la quilla (es como la columna vertebral) del barco el 31 de marzo de 1909. El resto del barco se construiría a partir de allí.

⌄ **Lord William Pirie** era un importante accionista de White Star Line y presidente de los constructores de buques Harland and Wolff.

⌃ **Thomas Andrews** era el arquitecto principal del *Titanic*.

3

ARMAZÓN

› La proa, o frente, del barco totalmente armada muestra el tamaño y la forma de éste.

› En este punto, las partes superior e inferior de la popa, o parte trasera, del barco están en posición.

A continuación, los trabajadores comenzaron a armar el casco o "coraza" protectora del *Titanic*. Los trabajadores instalaron vigas a ambos lados de la quilla y las unieron con barras de acero.

Los trabajadores adhirieron más de 600 cuadernas a la quilla para formar el "esqueleto" del *Titanic*. Las cuadernas ayudan a darle al barco su forma. Las del *Titanic* medían más de 18 metros (20 yardas) de alto y estaban separadas 1 metro (alrededor de 1 yarda). Unas vigas se adhirieron a cada armazón con soportes resistentes. El armazón terminado era una cuadrícula resistente de casillas conectadas.

Luego los trabajadores adhirieron placas de acero en tiras superpuestas al armazón del casco. Estas placas enormes parecían las tejas en un techo. La placa de acero más grande medía 11 metros (12 yardas) de longitud y pesaba 37 toneladas métricas (41 toneladas).

1911

Las cuatro chimeneas del *Titanic* todavía no se instalaban.

Enormes hélices moverían el inmenso barco hacia adelante. El *Titanic* necesitaba motores enormes para hacer funcionar las hélices. Cada hélice tenía un motor. El motor de cada hélice lateral era tan grande como una casa de tres pisos. Un motor más pequeño pero más poderoso se usaba para la hélice central. Enormes calderas de carbón producían el vapor que hacía funcionar las hélices.

Los primeros diseños del *Titanic* incluían 64 botes salvavidas. Pero el *Titanic* se construyó de manera que no pudiera hundirse. Por lo tanto, los ejecutivos decidieron equipar al *Titanic* con solo 20 botes salvavidas. Incluía 14 botes salvavidas que podían albergar a 65 personas cada uno, dos botes de emergencia que podían albergar a 40 personas cada uno, y cuatro botes plegables que podían albergar a 47 personas cada uno. Los botes podían albergar a un total de 1,178 personas, pero había 2,201 pasajeros y tripulantes a bordo. En esa época, esos eran más botes salvavidas de los que exigía la ley.

El acondicionamiento estaba casi completo. Los trabajadores instalaron las partes mecánicas más importantes del *Titanic*, incluidas tres anclas gigantes. El ancla principal pesaba 16,000 kilogramos (16 toneladas) y tenía 366 metros (400 yardas) de cadena. ¡Eso es tan largo como cuatro canchas de fútbol americano!

La electricidad era una tecnología nueva y una gran parte de la atracción del *Titanic*. El *Titanic* tenía cuatro enormes generadores a vapor, que producían más electricidad que la mayoría de las centrales eléctricas en tierra. Se instalaron las cuatro chimeneas gigantes del *Titanic*. Carpinteros, pintores y diseñadores de interiores terminaron casi todos los detalles dentro del barco. Los trabajadores colgaron lámparas de techo y subieron vajilla y cubiertos finos.

La esposa del dueño de este boleto de primera clase estaba enferma. Por lo tanto, no pudo realizar el viaje.

El *Titanic* finalmente estaba listo para zarpar. Primero pasó pruebas de navegación para asegurarse de que era apto para navegar. Luego, el 2 de abril de 1912, el *Titanic* salió de Belfast, Irlanda, y llegó a Southampton, Inglaterra, el 4 de abril. Durante los siguientes seis días, se completaron los toques finales. Se subieron todos los alimentos a bordo. La tripulación del *Titanic* de 913 personas se acomodó en sus puestos.

El *Titanic* estaba listo para los pasajeros la mañana del 10 de abril. Se cargó carbón en las calderas. Justo antes del mediodía, el barco del capitán Edward John Smith zarpó hacia la ciudad de Nueva York. El plan era completar el viaje en seis días. Haciendo sonar sus dos silbatos gigantes, el *Titanic* se dirigió a aguas abiertas.

El *Titanic* comienza a salir lentamente de Southampton en su primer viaje.

Compruébalo Durante la construcción, ¿qué decisiones pueden haber llevado al desastre del *Titanic*?

La noche que el Titanic se hundió

editado por Barbara Keeler

DESASTRE DEL TITANIC GRAN PÉRDIDA DE VIDAS

En el día del *Titanic*, los canillitas se apostaron en sus esquinas favoritas para vender periódicos. Aquí, el vendedor de periódicos Ned Parfett anuncia la oscura noticia fuera de las oficinas de White Star Line en Londres el día después del desastre.

> ### "LA PÉRDIDA DE VIDAS SE DEBE EN GRAN PARTE AL EXCESO DE CONFIANZA, YA QUE TODOS LOS QUE IBAN A BORDO CREÍAN QUE EL BARCO NO PODÍA HUNDIRSE",

declaró el pasajero C.E. Stengel de Newark, Nueva Jersey. Stengel acababa de sobrevivir al hundimiento del *Titanic*. Los que iban a bordo, los diseñadores y los dueños del barco se habían equivocado. El *Titanic* podía hundirse después de todo.

Justo antes de la medianoche del 14 de abril de 1912, el *Titanic* navegaba a través del Atlántico Norte mientras dos vigías tiritaban en el gélido aire. Miraban en la oscuridad y buscaban enormes trozos de hielo llamados icebergs. La **temperatura** del agua era suficientemente cálida para que esta fuera líquida, pero suficientemente fría para que el hielo permaneciera sólido. La **densidad** es la cantidad de materia que hay en cierto volumen. La densidad del agua sólida es menor que la del agua líquida, por lo tanto, los icebergs flotan. La **corriente** oceánica había arrastrado hielo hacia el *Titanic*.

De repente, Frederick Fleet, uno de los vigías, divisó algo enorme y oscuro cerca. De inmediato, se puso en acción. Para advertir sobre el peligro, hizo sonar una campana tres veces y tomó el teléfono para llamar al puente e informar sobre el hielo. Rápidamente, un oficial ordenó que los motores anduvieran en reversa.

Ya era demasiado tarde. Conforme el *Titanic* se acercaba al iceberg, comenzó lentamente a mecerse, y raspó su costado contra el hielo. Algunos remaches que mantenían unido el casco fallaron, lo que hizo que se abrieran las juntas en el casco. El agua del mar entró a gran velocidad a varios compartimientos de la proa y el agua helada casi arrastra a miembros de la tripulación de sus puestos. Al reemplazar el aire con agua en estos compartimientos, la densidad general del barco había cambiado. No podía permanecer a flote mucho tiempo.

El capitán E. J. Smith ordenó a su tripulación que prepararan los botes salvavidas. El *Titanic* solo tenía suficientes botes salvavidas para aproximadamente la mitad de sus pasajeros y tripulantes, por lo tanto, él sabía que no todos sobrevivirían. De más de 2,200 pasajeros, solo cerca de 700 vivieron para ver qué pasaba después. Más tarde, algunos de ellos contaron el cuento.

¿Cuántas personas más se habrían subido a este bote salvavidas si hubieran pensado que se iban a ahogar?

Caroline Bonnell

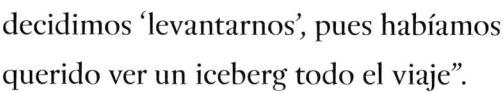

UNA PASAJERA DE PRIMERA CLASE DE YOUNGSTOWN, OHIO

"BUENO, GRACIAS A DIOS, NATHALIE, AL FIN VEREMOS UN ICEBERG".

"Eso... fue lo que... le dije a mi prima cuando el magnífico y bello *Titanic* temblaba bajo su golpe mortal... en el momento exacto en que la mano de la muerte comenzaba a arrastrar hacia abajo su terrible cargamento de almas".

"Mi prima, Nathalie Wick, y yo estábamos... medio dormidas cuando sentimos el golpe. Fue terrible. Por un segundo todo el barco se quedó completamente quieto en su rápido recorrido y luego se produjo un gran temblor en todos lados".

"'Oh, chocó contra un iceberg', escuchamos por la ventanilla una voz chillona de mujer... Nathalie y yo estábamos en la cama poniéndonos de acuerdo sobre si debíamos levantarnos a ver el iceberg... Finalmente decidimos 'levantarnos', pues habíamos querido ver un iceberg todo el viaje".

EL BARCO SE LLENA DE AGUA EN EL CASCO Y SE ORDENA A LAS PERSONAS QUE SUBAN A LOS BOTES.

"El bote en el que estábamos fue el primero que tocó el agua. Solo había veinte mujeres, dos marineros y un auxiliar en él".

"Después de esto, la tragedia se desarrolló con una rapidez implacable... observamos cómo se apagaban las luces, mientras el barco caía cada vez más abajo en el mar... Luego el agua entró a toda velocidad... la orquesta tocó hasta el final y... los hombres se hundieron en el mar cantando 'Más cerca, Dios mío, de ti'".

EL BOTE SALVAVIDA SE ALEJA REMANDO, EN BUSCA DE RESCATE.

Los hombres quedaron exhaustos de remar. Así que las mujeres les dimos una mano. Y luego... una gran bengala ardió en la proa de un barco de pasajeros... Era del *Carpathia*, y lo alcanzamos en una hora".

"Hombres y mujeres nos entregaron sus camarotes y durmieron en el piso de la biblioteca y la sala de fumadores".

"TODOS FUERON MUY AMABLES EN EL *CARPATHIA*".

ATLANTA CONSTITUTION

ATLANTA, GA., FRIDAY MORNING, APRIL 19, 1912.—TWENTY-TWO PAGES.

PRICE, FIVE CENTS.

LAYING "NEARER MY GOD TO THEE

FUTRELLE, ASTOR, STEAD, GUGGENHEIM ARE GONE

TO OCEAN DEEPS WITH 1,595 SOULS

THREE MISSING NOTABLES AND CARPATHIA

DECKS CROWDED WITH MEN WHO HAD ELECTED DEATH IN ORDER TO SAVE WOMEN

Women, Children and Few Men in the Lifeboats Saw the Great Ship Take Plunge Beneath the Icy Waves.

SHOTS HEARD ON SINK...

CLINCH SMITH

F.D. MILLET

MAJOR BUTT

Thomas Whiteley

UN CAMARERO DEL *TITANIC*

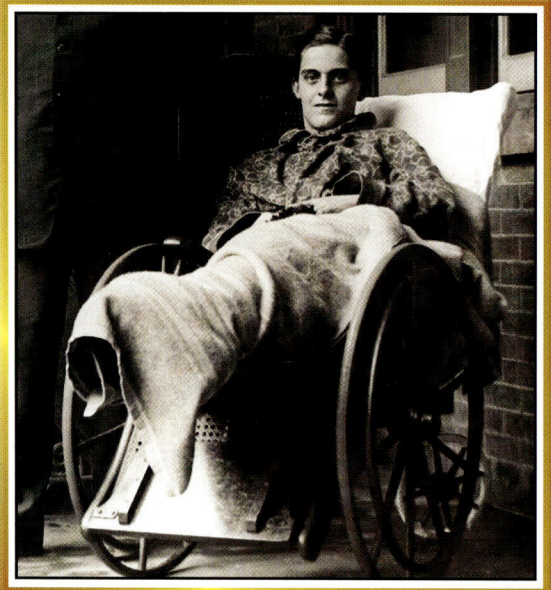

"Me despertaron a las 11:30 p. m., aproximadamente... un compañero me dijo: 'No; chocamos contra un iceberg'".

"Observé la cubierta y la encontré cubierta con hielo. El hueco de la caldera número II comenzó a llenarse con agua de inmediato".

"Nos llegó la orden: 'Todos sobre la cubierta con chalecos salvavidas'. La cubierta estaba atestada. El segundo oficial estaba preparando el bote número 1... ayudé a llenar los botes. Estaban repletos de mujeres y niños".

"De alguna manera caí al mar y encontré algo para sostenerme: una cómoda de roble aproximadamente del tamaño de esta cama de hospital".

"NO ESTABA A MÁS DE SESENTA PIES DEL *TITANIC* CUANDO SE HUNDIÓ. ESTABA EN POPA Y PUDE VER CÓMO SE ELEVABA SU GRAN POPA Y SE HUNDÍA DE PROA".

"Luego, estuve a la deriva cerca de un bote que estaba dado vuelta. Cerca de treinta hombres se aferraban a él... yo luchaba por llegar al bote. A las 8:40 de la mañana nos subieron a bordo del *Carpathia*".

RICHMOND, VA., SUNDAY, APRIL 21, 1912.

THE WEATHER TO-DAY—FAIR.   PRICE FIVE CENTS

Ahead Allowed to Pass Unheeded,
Titanic Is Pushed On at Highest Speed

U. S. Senators Investigating Loss of Titanic

KNOWN FIVE HOURS
BEFORE COLLISION
OF VESSEL'S DANGER

Hearing Before Senate Committee Confirms
Fact That White Star Liner and All the
Lives She Bore Were Sacrificed That

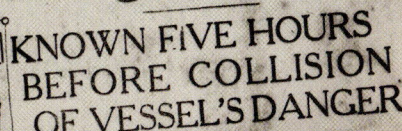

Lawrence Beesley

UN PROFESOR UNIVERSITARIO QUE VIAJABA EN SEGUNDA CLASE

EL *TITANIC* ACABA DE CHOCAR CONTRA UN ICEBERG.

"... nadie temía que el barco se hundiera. Los oficiales nos dijeron que no había peligro".

"NOS DIJERON QUE EL *TITANIC* NO PODÍA HUNDIRSE Y QUE NO HABÍA NADA QUE TEMER".

EL BARCO SE LLENA DE AGUA EN EL CASCO Y SE ORDENA A LAS PERSONAS QUE SUBAN A LOS BOTES. BEASLEY ABORDA UNO.

"Ahora estábamos a unas dos millas del barco, y toda la tripulación insistió con que se formaría una ola tremenda por la succión cuando se hundiera, y debíamos alejarnos tanto como pudiéramos".

"Se inclinaba lentamente en línea recta, con la proa verticalmente hacia arriba... observamos cómo el *Titanic* se elevaba al menos ciento cincuenta pies sobre el nivel del mar y se vislumbraba negro contra el cielo. Luego con una inmersión inclinada y silenciosa desapareció bajo el agua...".

Otras voces

SRA. WILLIAM BUCKNELL

"La gran mayoría de los pasajeros de la primera cabina se reunieron en el salón principal después del choque, pero como la creencia generalizada era que el barco no podía hundirse, algunas de las mujeres regresaron a sus cabinas a dormir".

ROBERT W. DANIEL

"Después de esperar un momento interminable con el bote plegable en mis manos, sentí cómo se hundía el *Titanic* bajo mis pies... Intenté esperar, pero de repente me encontré saltando de la barandilla, en el aire, y pasó una eternidad hasta que llegué al agua. Cuando emergí, sentí que la succión me arrastraba, y cuando sentí un trozo de hielo cerca, me aferré a él".

JOHAN CERVIN SVENSSON, 14 AÑOS

"... Cuando le di un beso de despedida en Suecia, mi madre me dijo que si sucedía algo, corriera hacia los botes salvavidas, y eso es lo que hice".

> Relato del capitán Rostron sobre la respuesta del Carpathia

PARA LLEGAR A LOS SOBREVIVIENTES A TIEMPO, EL *CARPATHIA* TUVO QUE ACELERAR A TRAVÉS DE CAMPOS DE HIELO.

SIR HENRY ARTHUR ROSTRON, CAPITÁN DEL *CARPATHIA*

"Y me sorprende que no nos partimos contra uno de ellos... esos enemigos tan traicioneros, tan mortíferos que tenemos quienes vamos al mar en barco".

The Modern Historic Records Association

RMS Carpathia.
Cunard S.S. Co. Ltd.
At Sea
April 27th 1912.

At 12.35 am (ship's time) April 15th Monday, 1912, I was called by the 1st officer in company with marconi operator & informed that the White Star Line R.M.S. "Titanic" was sending out urgent distress signals by wireless, that she had struck ice & required immediate assistance also giving position of "Titanic" as Lat 41°46′ N. Long 50°14′ W.

I immediately ordered the "Carpathia" turned round & sent for the Chief Engineer, made out Course & found we were then S52°E (true, 58 miles from "Titanic" also sent wireless to "Titanic" saying we were coming to his assistance.

The "Carpathia" was then on a voyage from New York to Mediterranean ports, with passengers, mail & cargo.

I gave Chief Engineer instructions to turn out another watch of stokers & to make all speed possible.

I then ordered all our boats prepared & swung out ready for lowering. Interviewed the head officials of each department giving them all instructions I considered necessary to meet...

RESPUESTAS EN RETROSPECTIVA

Después del desastre, algunos pasajeros y tripulantes señalaron que la seguridad debería haber sido una prioridad mayor. Los expertos actuales están de acuerdo. Aún más vidas se podrían haber salvado si se hubieran tomado mejores decisiones en cuanto a la construcción. Por ejemplo, en algunas secciones del casco se usaron remaches de hierro. ¿Se habrían abierto las juntas si, en cambio, se hubieran usado remaches de acero? Nadie lo sabe. El metal se vuelve más quebradizo en temperaturas bajo cero. El hierro es más quebradizo que el acero y mucha escoria puede hacer que el hierro sea aún más quebradizo. En 1997, expertos en metal examinaron remaches recuperados del naufragio. Estos remaches contenían suficiente escoria para hacerlos quebradizos en temperaturas bajo cero.

Si se hubieran proporcionado 64 botes salvavidas, todos los pasajeros y la tripulación se habrían salvado. Si se hubiera colmado la capacidad de los 20 botes salvavidas del *Titanic,* casi 500 personas más se podrían haber salvado.

Con la tecnología actual, es menos probable que los barcos se hundan. Los nuevos métodos de fabricación hacen que el acero sea más resistente que durante los comienzos del siglo XX. Los barcos de acero en la actualidad generalmente se sueldan en lugar de remacharse. Y los barcos llevan más botes salvavidas que el *Titanic.*

Compruébalo   ¿Cómo cambiaron las propiedades físicas del Titanic después de chocar contra el iceberg?

Alvin

el sumergible

por Judy Elgin Jensen

Era imposible encontrar el *Titanic* en la época en que se hundió. No había herramientas que pudieran descender a la profundidad en que yacía el *Titanic*. Años después, se diseñaron nuevos equipos subacuáticos. Estos equipos podían resistir la alta presión del agua en las partes más profundas del océano.

Los avances en tecnología hicieron que fuera posible encontrar el *Titanic*. Los sumergibles, o vehículos parecidos a submarinos, podían llevar a los científicos a las profundidades del océano. Podían operar bajo el agua en temperaturas heladas y bajo una enorme presión.

El *Alvin* se construyó en 1964 como uno de los primeros sumergibles para el océano profundo. En él, dos científicos y un piloto podían explorar las aguas profundas del océano y casi dos tercios del lecho marino. El *Alvin* podía llegar a una profundidad de casi 4.5 kilómetros (3 millas) y permanecer allí hasta diez horas.

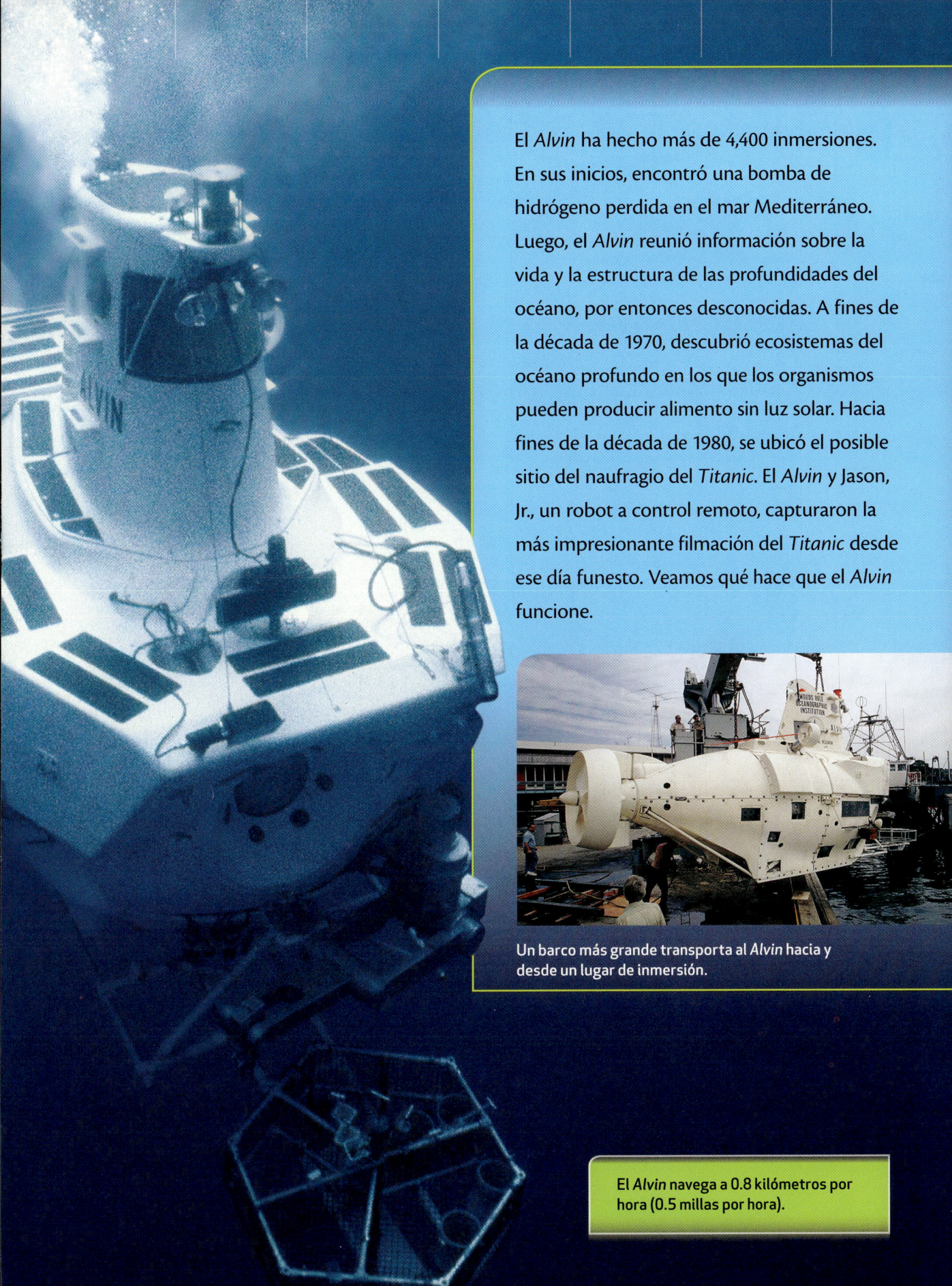

El *Alvin* ha hecho más de 4,400 inmersiones. En sus inicios, encontró una bomba de hidrógeno perdida en el mar Mediterráneo. Luego, el *Alvin* reunió información sobre la vida y la estructura de las profundidades del océano, por entonces desconocidas. A fines de la década de 1970, descubrió ecosistemas del océano profundo en los que los organismos pueden producir alimento sin luz solar. Hacia fines de la década de 1980, se ubicó el posible sitio del naufragio del *Titanic*. El *Alvin* y Jason, Jr., un robot a control remoto, capturaron la más impresionante filmación del *Titanic* desde ese día funesto. Veamos qué hace que el *Alvin* funcione.

Un barco más grande transporta al *Alvin* hacia y desde un lugar de inmersión.

El *Alvin* navega a 0.8 kilómetros por hora (0.5 millas por hora).

La tecnología del Alvin

Para diseñar al *Alvin*, los ingenieros primero observaron los problemas que debían resolver. ¿Cómo hundir una burbuja de metal en grandes profundidades con la **gravedad** y luego ser lo suficientemente **flotante** para volver a la superficie contra la gravedad? ¿Cómo podemos evitar que esa burbuja se aplaste a grandes profundidades? ¿Cómo mantenemos calientes a los exploradores en el agua helada?

Los ingenieros sabían que los exploradores necesitaban el sumergible para hundirse, salir a la superficie, moverse en todas las direcciones y flotar.

El *Alvin* también necesitaba equipos especiales, como cámaras, grabadoras, brazos robóticos, dispositivos de medición y equipos de muestreo.

Fibra de vidrio y espuma cubren al *Alvin* y protegen los controles, la electrónica y las baterías. Las paredes de la cabina del Alvin miden 5 centímetros (2 pulgadas) de espesor.

La hélice permite que el piloto dirija al *Alvin* en diferentes direcciones.

El *Alvin* tiene tanques con agua y aire. El piloto ajusta la cantidad de agua y aire de los tanques para cambiar la **densidad** del *Alvin*.

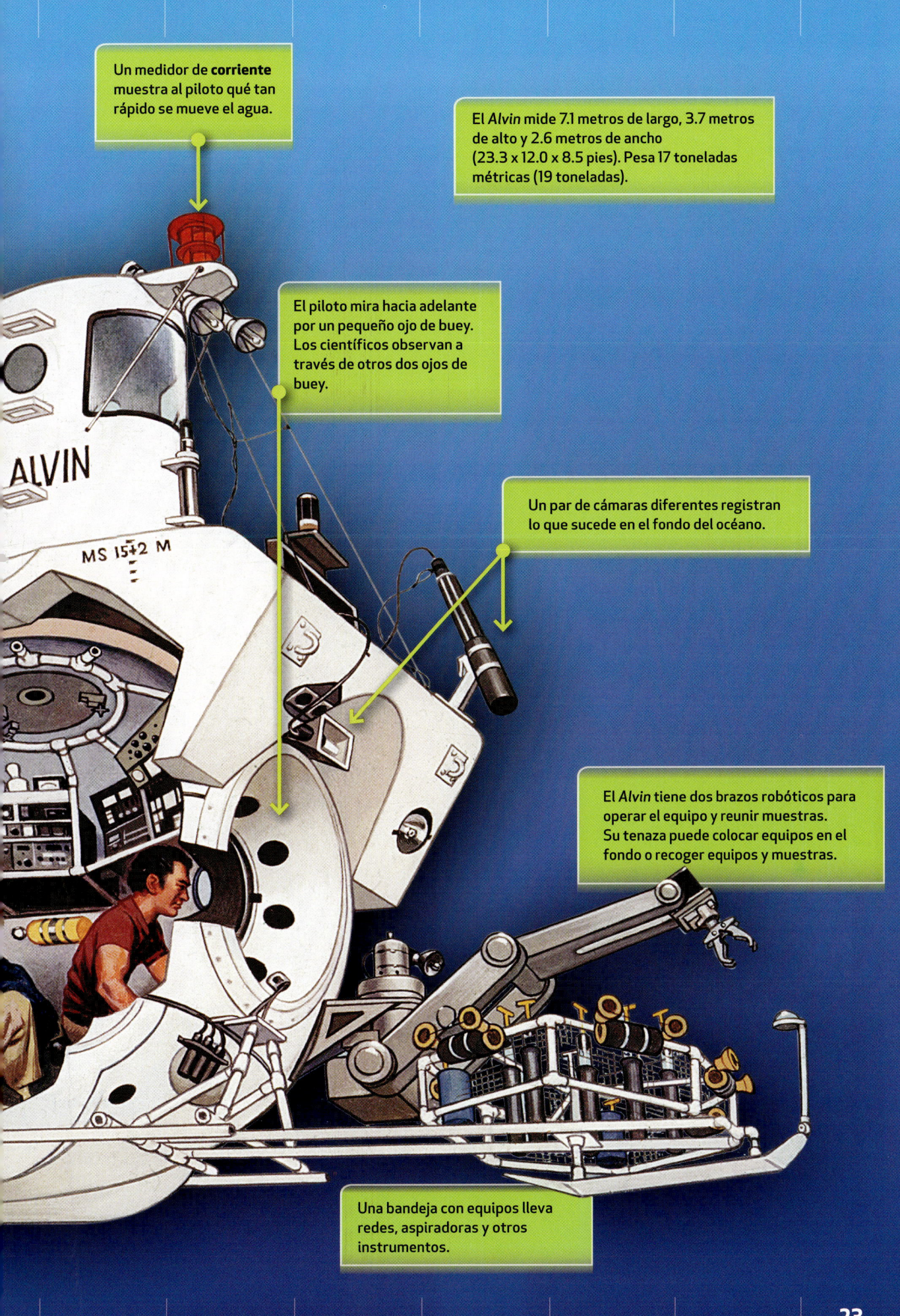

Un medidor de **corriente** muestra al piloto qué tan rápido se mueve el agua.

El *Alvin* mide 7.1 metros de largo, 3.7 metros de alto y 2.6 metros de ancho (23.3 x 12.0 x 8.5 pies). Pesa 17 toneladas métricas (19 toneladas).

El piloto mira hacia adelante por un pequeño ojo de buey. Los científicos observan a través de otros dos ojos de buey.

Un par de cámaras diferentes registran lo que sucede en el fondo del océano.

El *Alvin* tiene dos brazos robóticos para operar el equipo y reunir muestras. Su tenaza puede colocar equipos en el fondo o recoger equipos y muestras.

Una bandeja con equipos lleva redes, aspiradoras y otros instrumentos.

ALVIN

MS 15+2 M

El Alvin encuentra al Titanic

El *Titanic* yació en el fondo del océano, a más de 3 kilómetros (2 millas) bajo la superficie sin que lo descubrieran por 73 años. Al principio, la ubicación exacta del barco era un misterio. Luego, el 1 de septiembre de 1985, el oceanógrafo Robert Ballard y su equipo usaron al *Alvin* para buscar en el fondo del océano. Los registros históricos les indicaron más o menos dónde se hundió el *Titanic*. En el barco de inmersión que llevaba al *Alvin* se usó tecnología de imágenes para localizar un área enorme de fragmentos en el fondo del océano.

El sonar del *Alvin*, un dispositivo que localiza objetos grandes debajo del agua mediante el sonido, dejó de funcionar. El equipo necesitaba un navegante en el barco que los guiara al lugar del naufragio.

El equipo de Ballard estaba a punto de ascender cuando el fondo del océano se inclinó de repente en un montículo de barro. El *Alvin* se movió lentamente hacia adelante y surgió una vasta área de acero negro. ¡El *Titanic* estaba a unas pulgadas! Los exploradores tuvieron que ascender de inmediato debido a los problemas de los equipos del *Alvin*. Pero, ¡LO HABÍAN ENCONTRADO!

El *Alvin* se reparó en el barco de inmersión. Los siguientes días, el equipo hizo una serie de inmersiones. Vieron cómo las enormes placas de acero del *Titanic* se desmoronaban por el óxido. Su carpintería había sido devorada por organismos. Ballard escribió: "... los ojos de buey oscurecidos me parecen ojos sin vista que desbordan lágrimas de óxido".

La proa y la popa estaban bastante separadas. La proa estaba en mucho mejor estado que la popa. Había algunas pistas de cómo el hielo había afectado el casco del *Titanic*. "Conforme nos desplazábamos lentamente por la pared vertical de acero, esperaba ver una rotura en las placas", escribió Ballard. "Pero no había nada, solo una indicación de que las placas se habían doblado hacia adentro y los remaches que las unían quizá saltaron y permitieron que el agua del mar entrara".

Compruébalo ¿Cuáles fueron algunos problemas que se debieron resolver antes de que fuera posible encontrar al *Titanic*?

LOS OBJETOS DEL TITANIC

por Barbara Keeler

Imagina que ves zapatos, peines, espejos de mano, vajilla y un baúl esparcidos en el fondo del océano. ¿Qué harías?

Estos platos, que alguna vez estuvieron prolijamente apilados en la cocina del *Titanic*, se usaban en el comedor de la primera clase que se ve arriba.

Robert Ballard vio miles de objetos en el *Titanic* y cerca de él cuando descubrió el naufragio en 1985. El equipo de Ballard no retiró nada, ni siquiera unas cuantas monedas. Las leyes del mar indican que si retiraban algo, serían dueños del lugar. Esto significaba que no se le permitiría a nadie más que retirara nada. Ballard solo eligió fotografiar el naufragio y su contenido.

Dos años después del descubrimiento del *Titanic,* una compañía privada, RMS Titanic, Inc., retiró objetos. Al hacerlo, ¡la compañía reclamó el naufragio como propio! La compañía comenzó a rescatar los objetos del barco, y desde entonces ha recuperado más de 5,500 objetos.

RMS Titanic, Inc. realiza exhibiciones en todo el país. La gente paga para ver objetos como una navaja, fuentes, zapatos, ropa, ojos de buey y cartas. También se exhibe un bloque gigante del casco del *Titanic…* ¡sus 13.6 toneladas métricas (15 toneladas) completas!

Los turistas van en masa a ver los objetos del *Titanic*. Algunos incluso compran trocitos del carbón del barco como recuerdo. Muchas personas están de acuerdo con RMS Titanic, Inc. en que los objetos del *Titanic* deben estar en exhibición. ¡Más de 25 millones de visitantes no pueden estar equivocados!

Quizá algunos turistas adinerados puedan alquilar un sumergible para explorar el naufragio del *Titanic*. Aún así, ese es un viaje muy caro y pocas personas se pueden permitir ir al fondo del océano. RMS Titanic, Inc. argumenta que ofrece un servicio al público al hacer que los objetos del *Titanic* estén ampliamente disponibles.

Millones de personas pagan para ver las exhibiciones porque el público general siente curiosidad por el desastre. Además, algunos familiares de los pasajeros y tripulantes están interesados en recuperar artículos del océano. Sin la ayuda del equipo de rescate, los tesoros familiares y los recuerdos que traen quedarían perdidos para siempre. RMS Titanic, Inc. afirma que su misión es recuperar objetos porque el barco se está desintegrando rápidamente. Citan estimaciones de los científicos de que el naufragio quedará finalmente destruido porque el agua hace que las superficies de metal se desintegren.

Otra preocupación es una nueva especie de bacteria u organismo diminuto. La **bacteria** está en el casco del *Titanic* y se come la madera y el metal. Esto puede acelerar la desintegración del naufragio.

Otro argumento a favor del rescate es que recuperar partes del *Titanic* ha ayudado a explicar por qué el barco se hundió. Por ejemplo, los investigadores analizaron los remaches del *Titanic*. La investigación reveló que contenían materiales que los pudieron haber hecho quebradizos. Quizá aprender más sobre lo que sucedió pueda ayudar a prevenir desastres futuros.

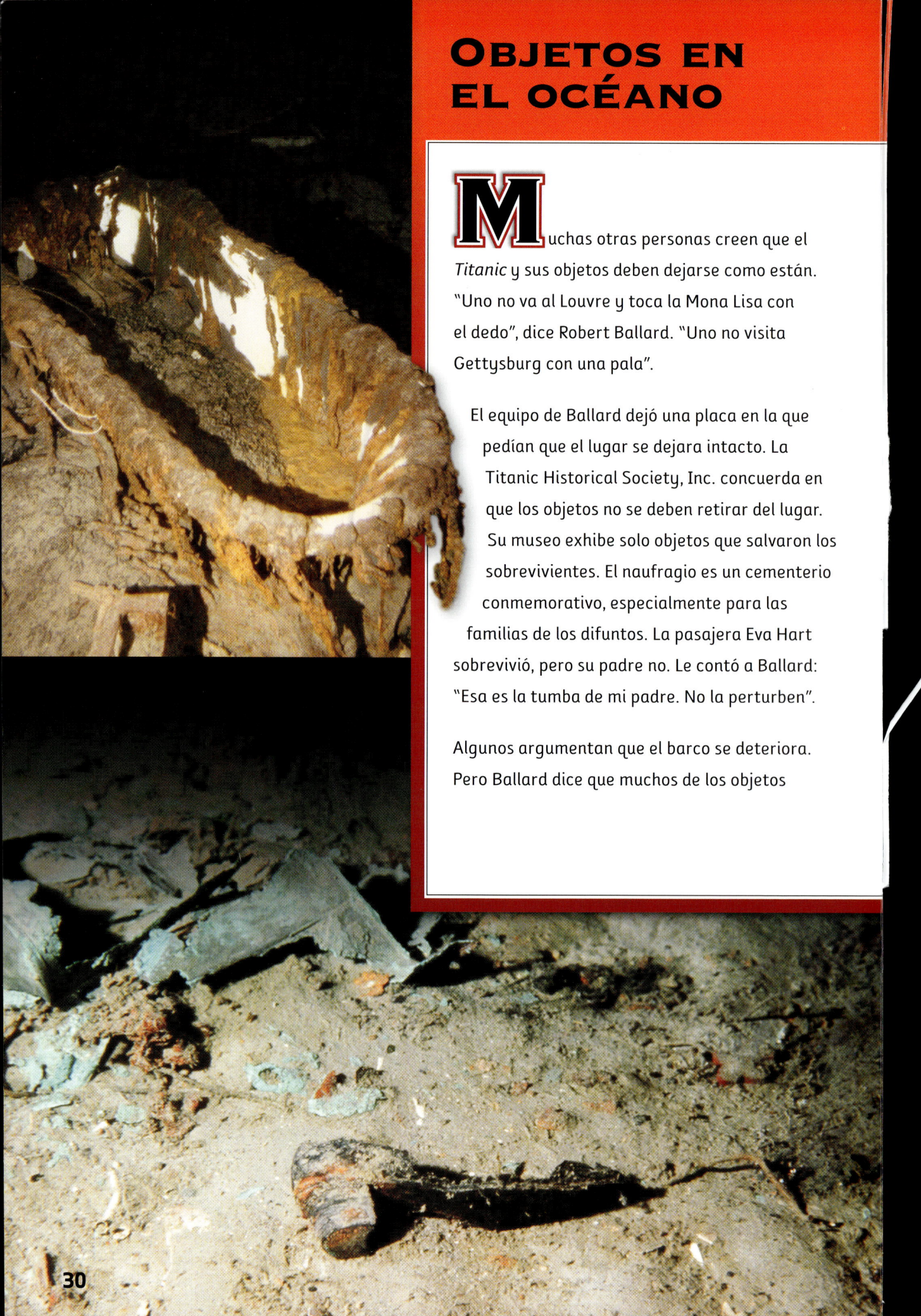

Objetos en el océano

Muchas otras personas creen que el *Titanic* y sus objetos deben dejarse como están. "Uno no va al Louvre y toca la Mona Lisa con el dedo", dice Robert Ballard. "Uno no visita Gettysburg con una pala".

El equipo de Ballard dejó una placa en la que pedían que el lugar se dejara intacto. La Titanic Historical Society, Inc. concuerda en que los objetos no se deben retirar del lugar. Su museo exhibe solo objetos que salvaron los sobrevivientes. El naufragio es un cementerio conmemorativo, especialmente para las familias de los difuntos. La pasajera Eva Hart sobrevivió, pero su padre no. Le contó a Ballard: "Esa es la tumba de mi padre. No la perturben".

Algunos argumentan que el barco se deteriora. Pero Ballard dice que muchos de los objetos que se han retirado habían sobrevivido sin daños. Ballard dice que el mismo *Titanic* ha recibido daños por parte de los rescatistas. "Se ha derribado y destruido el mástil del barco. Se han despedazado los objetos (la campana del barco, la luz del barco)", dijo. También se han dañado grandes áreas de la cubierta.

Otro problema ha sido la basura. Los barcos que transportan submarinos para llevar turistas al lugar han tirado basura sobre el *Titanic*. Algunos sumergibles han dejado pesos de inmersión sobre o cerca del *Titanic*. A un experto le preocupa que esta basura pueda alimentar a las bacterias que se comen el barco.

Ballard prefiere que el *Titanic* esté disponible a través de la tecnología como las videocámaras. Se puede ver el *Titanic* a través de vídeo y se aprecia mejor que desde un sumergible. Esta experiencia de visión sería mejor si se dejara el naufragio en paz. "El lugar es tan importante como un objeto del lugar", dice Ballard.

Compruébalo ¿Qué crees que se debe hacer con los objetos del *Titanic*? Usa enunciados de Ballard y RMS Titanic, Inc. para apoyar tu opinión.

Comenta

1. ¿Cómo la información de "La construcción del *Titanic*" te brindó información de contexto para las otras tres lecturas del libro?

2. Basándote en la información de "La construcción del *Titanic*" y "La noche que el *Titanic* se hundió", cita dos evidencias que creas que son las principales razones por las que se perdieron vidas.

3. Usa ejemplos de "*Alvin*, el sumergible" para explicar cómo los ingenieros consideraron las propiedades físicas de los materiales cuando construyeron el *Alvin*.

4. Tanto el *Alvin* como el *Titanic* podían hundirse y flotar. ¿Cómo se relaciona el concepto de densidad con este enunciado?

5. Después de leer "Los objetos del *Titanic*", ¿qué otra información necesitarías para decidir si los objetos se deben retirar? ¿Cómo puedes encontrar la información?